Sokoto ABAKAR ALIFA

La vertu de ma poésie

Sokoto ABAKAR ALIFA

La vertu de ma poésie

Préface d'ABAKAR MAHAMAT DJOUFOUNE

Éditions Muse

Imprint

Cover image: www.ingimage.com

Publisher:
Éditions Muse
is a trademark of
International Book Market Service Ltd., member of OmniScriptum Publishing Group
17 Meldrum Street, Beau Bassin 71504, Mauritius
Printed at: see last page
ISBN: 978-620-2-29915-2

SOKOTO ABAKAR ALIFA

LA VERTU DE MA POÉSIE

Poésie

A

Ma chère tante, HALIME MAHAMAT BOUKAR, la sœur de ma mère qui m'a épaulé de toutes ses forces au profit de mes études primaires, secondaires et supérieures.

REMERCIEMENTS

Je rends grâce au Seigneur de l'univers qui m'a donné le courage et la volonté de me lancer dans le monde de l'écriture,

J'ai une pensée très spéciale pour mes chers amis poètes, RENAUD DINGUEMNAIAL, IDRISSA SALEH ABDRAMANE, ALLADOUM ALEXANDRE DIDJENBAN, BIENVENU BERAMGOTO et HAMZA HAROUN DAOUD
de m'avoir encouragé et conseillé pour le succès de ce recueil de poèmes ;

Je remercie aussi infiniment mes chers parents et amis, BORNO BRAHIM MAHAMAT ABAKAR, ABAKAR MALLAH MOURCHA, MBODOU DJIRAB ALIFEÏ, ALI MBODOUABATCHA, MOUSSA ADJI MAY, MOUSTAPHA SOKOTO ALIFA, DJIDDA MAHAMAT ALIFA, SOUMAIN MOUHTAR, MOUSSA HASSAN, MAHAMAT ALI ABDOULAYE, ABDOULSEMI NIMA, MAHMOUD BRAHIM NAKOUR, CHÉRIF KOSSO ALI ABBO, BOUKAR SOKOTO ALIFA, MAHAMAT SEID ABAKOURA ALI, MOUSTAPHA KOULBOU, ABDOULAYE MAHAMAT SENOUSSI, YOUSSOUF AHMAT TIDJANI, MOUSSA ALLAHOU ADJI, ADAM ADJI MAHAMAT NOUR, ABDOULAYE ABDERRAHIM

ET YOUSSOUF BRAHIM MAHAMAT pour leur contribution financière au bénéfice de la livraison des exemplaires de mon livre ;

Je remercie également le professeur NDÉ, Directeur des Éditions ACCOM qui a accepté de corriger avec rigueur le tapuscrit de mon ouvrage ;

Enfin, c'est dans la plénitude de mon cœur que je remercie extrêmement, ABAKAR MAHAMAT DJOUFOUNE d'avoir pris essentiellement son temps pour la préface de ce livre poétique.

Préface :

L'honneur de préfacer
Cet ouvrage de qualité
Une poésie bien composée
Avec des vers sonorisés
De ce jeune très engagé
Qui incarne une vision éclairée
Pour le bien être de sa société.
Pour le changement de mentalité
Je lui rends cet hommage bien mérité
Pour qu'il continue à servir l'humanité.

J'aime
Cette œuvre,
Qui dénonce pour corriger
Qui propose pour améliorer
Qui conscientise pour changer
Qui lutte pour avancer
C'est un guide complet
Pour un Tchad merveilleux
Un monde de paix et de la solidarité
C'est un livre à lire et relire
Je vous invite à le feuilleter.

ABAKAR MAHAMAT DJOUFOUNE
Ecrivain tchadien.

1. MA PLUME

Ma plume défend les valeurs sublimes
Ma plume ne cherche pas une célébrité
Auprès d'une société afin de se glorifier
Sur les autres en se privant du respect.

Ma plume ne perd pas son ancre
Pour défendre les cancres
Ma plume s'énerve contre les écrivains
Qui écrivent juste pour un gain
En soutenant les penchants malsains
Juste pour les intérêts mondains
Sans qu'ils se soucient du respect humain.

Ma plume est un amour
Elle déteste pour toujours
La haine qui convie les autres
Aux pratiques malsaines.

Ma plume serait en ostie
Contre la jalousie et l'hypocrisie
Qui compromettent notre vie.

Ma plume est une invocation
Contre toutes les violations
Des lois divines qui nous
Appellent à l'adoration
Et nous prohibent les tentations.

Ma plume serait en ciboire
De voir que le pouvoir
Permet les crimes notoires
Ou un comportement ostentatoire.

L'écriture est le souffle de ma vie
J'écris tant que je suis vivant
Je me révolte contre tout
Ce qui provoque un ravage
Et nous empêche
D'être des hommes sages.

Ma plume n'est pas contre l'intérêt de quelqu'un
Elle indique un meilleur chemin
Aux personnes qui oublient le rappel divin
Pour vivre inintelligemment dans l'insouciance
Qui ne va accroître que la souffrance
Et la désobéissance.

Je n'écris pas pour agacer

Mais pour orienter et sensibiliser
Les autres pour qu'ils soient
Respectables et sociables
Afin qu'ils deviennent estimables.

Ma plume s'énerve
Contre ceux qui refusent le conseil
Pour vivre dans l'orgueil
Et elle se contente
De ceux qui préfèrent la modestie
Pour vivre dans la vertu
Enfin d'améliorer leur vie.

2. MESSAGE DE MA POÉSIE

Est une lettre qui me fasse sortir du silence
Pour me révolter contre l'ignorance,
La vengeance et la désobéissance
Qui n'ont pour conséquence que la souffrance.

La vertu de ma poésie est un juge
Qui condamne impartialement les injustes
Et parle des choses qui purgent nos âmes
Pour que nous vivions dans un monde calme.

La vertu de ma poésie
N'est pas pour une communauté
Ni pour une région, un pays, un village,
Ou pour une contrée, mais elle est un message
Qui s'adresse au commun des mortels
En particulier pour celles
Ou ceux qui croient à la divinité
Mais se permettent de vivre en toute liberté
En suivant les lois de leurs pensées
En prenant le contre-pied
Les lois que Dieu a autorisés.

La vertu de ma poésie
Nous montre le chemin du bonheur
En mettant une barricade à notre faveur
Contre l'itinéraire du malheur.

La vertu de ma poésie
Est un frisson et une attention
À ceux qui se plaisent
Dans une vie de patachon.

La vertu de ma poésie
N'est pas obscure
Elle est pure et mature
Pour jeter en pâture
Toutes les pratiques de pourritures
Qui sont contre nature.

La vertu de ma poésie
Est contre toute idiotie et l'hypocrisie
Qui rendent difficile l'accès au paradis.

La vertu de ma poésie
S'adresse aux personnes
Qui sont privées de la sagesse
Et préfèrent d'être des idiots
Pour soutenir les maux

En tenant des paroles sornettes
Qui les rendent bêtes.

La vertu de ma poésie
Est un avertissement
Pour ceux qui vivent
Dans un égarement
En suivant leurs sentiments
Qui provoquent le mécontentement
De Dieu pour bouleverser leur vie.

La vertu de ma poésie
Se révolte contre tous
Les cercles vicieux
Qui nous empêchent
D'être des hommes heureux.

La vertu de ma poésie
Est un acabit de tous les soucis
Qui renversent notre vie.

La vertu de ma poésie
S'oppose au désir destructeur
Et propose l'ambition
Qui facilite l'itinéraire du bonheur
Pour vivre dignement

Sur la surface de la terre.

La vertu de ma poésie
Sollicite une vie épanouie
Une vie épurée et éclairée
Qui s'oppose au blâmable
Pour défendre le convenable
Pour que notre vie soit stable,
Prospère, fasteet agréable.

3. MON DEVOIR D'ÉCRIRE

Ça fait belle lurette que
Je suis resté bouche bée
Face aux multiples péchés
Ensuite, j'ai pensé
Que le silence face aux mochetés
Est une complicité et une irresponsabilité
Donc j'ai pris un stylo
Pour écrire des mots
Qui s'opposent aux maux
Qui obscurcissent notre vie.

4. LA JALOUSIE ET L'HYPOCRISIE

Ma poésiea pour but de lutter
Contre la jalousie,
L'hypocrisie et l'envie
Qui sont de penchants
Qui compromettent notre vie.

L'objectif de ma poésie
Décrit les caractéristiques
Des hypocrites.

Les hypocrites qui n'ont pas la foi
Et ne se soumettent pas aux lois
Leurs bouches disent
Des mots qui tranquillisent
Les oreilles et leurs cœurs
Trahissent en coulisse ce qu'ils disent.

Les hypocrites
Qui ont une bouche de miel
Et un cœur de fiel
Pour commettre des actes criminels

Sans craindre Dieu, ni penser au danger éternel.

Les hypocrites
Ils se comportent comme des Prophètes
Mais ils invitent les personnes bêtes
À une tempête du malheur qui rouspéte.

Les hypocrites
Défendent l'illicite
En catimini
Et préservent le licite
Devant le public
En affichant un style limpide
En se prononçant contre
Les choses inciviques
Sans être des personnes véridiques.

Les hypocrites
N'ont pas la honte
De cirer les pompes,
Ils ne prennent en compte
Que les choses qui importent
Et les choses qui leur rapportent.

Les hypocrites
Se contrefoutent

De préserver leur dignité
L'essentiel pour eux
Est de conserver
Leurs intérêts.

Les hypocrites
N'ont pas peur de Dieu
Et n'hésitent pas à commettre des actes odieux
Contre les hommes vertueux
Qui sont soumis aux préceptes de Dieu.

Les hypocrites
Ne craignent pas le danger
Préparé par Dieu
Ils sont des casse-cous
Ils sont comme des loups.

5. DANS UNE NUIT

Dans une nuit,
Après avoir longuement réfléchi
Sur le point de vue d'autrui
À l'égard de ma conception de vie
J'ai saisi en esprit que par les uns
Je me suis vu comme une personne discourtoise
Et par les autres, comme une personne courtoise
Parce que chacun a son point de vue
Et ensuite je me suis dit
Qu'à cela ne tienne pour le point de vue d'autrui
À l'égard de ma conception de vie
L'essentiel est que je m'abstienne de maux
Pour que je sois dévot
À l'égard de Dieu
En sus, je me suis dit peu importe
Raison pour laquelle je me comporte
Pour plaire à Dieu
Parce que c'est lui qui m'a créé
Il est l'unique maître de mon être
Il est seul responsable de me juger
Afin de me punir ou de me pardonner

Pour que je puisse m'épanouir.

Dans une nuit
L'ennui m'a envahi
Parce que ma vie
Souffre d'une envie
Et d'une hypocrisie
De la part de celles ou ceux qui sont des rabat-joies
Et qui ne veulent pas me voir vivre dans la joie
Et ne veulent pas aussi me voir
Me diriger vers le chemin de la foi
Ensuite, je suis saisi
Par une frayeur
Je ne sais que faire
Parce que j'ai peur
Que les envieux
Vont me compromettre
En sourdine
Par les penchants pernicieux
Mais du coup, j'ai pensé à Dieu
Qu'il n'aide pas les méchants
Contre les croyants
Et la peur m'a quitté
L'équanimité s'est installée dans mon cœur.

À chaque fois

Que je travaille pour la foi
Qui pourra me libérer
De l'obscurité
Vers la lumière,
Les moqueurs
Se moquent de moi
Mais je ne serais pas en émoi
Et je n'abandonne point la voie
De la foi.

6. LE SILENCE

La soumission aux ordres divins
M'exige de me taire
Face à mon semblable
Qui aime se distraire des choses
Qui transgressent les lois de Dieu.

Mon silence est compris
Comme une incompétence
Par ceux qui n'ont pas l'esprit de cerner
Pour mieux juger.

7. NOUS SOMMES DEUX

Nous n'avons pas honte de vivre dans la pauvreté
Nous haïssons de fond en comble la mendicité
Nous aimons pour jamais la sincérité et la vérité
Nous donnons toujours la priorité à notre dignité
Pour que nous soyons des hommes respectés
Par notre société.

Nous sommes deux
Nous sommes pauvreteux
Mais nous sommes des hommes heureux
Nous préférons marcher
À pied pour aller là où nous voulons
Tant que nous pouvons
Afin de préserver notre dignité
Que d'aller quémander
Chez les motorisés qui vont nous critiquer
En raison de leur engin prêté.

Nous préférons vivre
Avec ceux qui savent vivre

Et ne veulent pas se vanter
Pour blesser notre amour-propre
Mais aussi nous respectons
Ceux qui ignorent de bien vivre
Pour que nous leur soyons un exemple.

Nous préférons être silencieux
Envers ceux qui sont orgueilleux
Et vaniteux à l'égard despauvreteux
Et des nécessiteux
Afin de maîtriser notre nervosité.
Nous préférons la modestie
Parce qu'elle perfectionne notre vie
Et nous protège contre l'inestime d'autrui.

Nous détestons la jalousie
Pour la raison qu'elle détruit notre vie
Et nous renferme dans les ennuis.

Nous haïssons la médisance
Qui est une désobéissance
Prohibée par la science.
Nous haïssons l'ignorance
Puisqu'elle est une impertinence
Et une incontinence
Contre la bienséance

Et elle encourage la souffrance.

Nous haïssons l'ignorance
Nous aimons la science
Car la quintessence
De notre naissance
Et notre existence
Ne se trouve que dans la science.

Nous faisons une remontrance
À ceux qui vivent dans l'ignorance
En leur disant que l'aisance
Réside essentiellement
Dans l'acquisition de connaissances
Et dans l'obéissance.

Nous aimons la simplicité et la tranquillité
Étant donné qu'elles sont sources de bonté
De la sociabilité et de la jouabilité.

Nous sommes deux
Malgré les difficultés
Auxquelles nous sommes confrontés
Nous prenons toujours nos désirs pour des réalités
Parce que nous sommes courageux
Nous croyons fermement en Dieu

Peu importe le règne de la misère
Ou la menace de la galère
Nous espérons toujours vivre dans le bonheur
Et nous continuons à perpétuité pour rêver en couleur.

Nous sommes pauvreteux
Mais nous sommes heureux
Heureux de ce que Dieu
Nous a donné
Heureux de ce que
Dieu nous a fait.

Nous sommes contents
De ce que nous sommes
Même si nous sommes dans le pétrin
Nous respectons les préceptes divins
Nous croyons fermement à notre destin.

Nous sommes deux
Nous sommes frustés
Par les multiples guerres
Qui bouillonnent l'humanité
Et transforment l'équanimité
Aux difficultés et le bonheur en malheur.

Nous sommes énervés

De voir le monde vivre dans la guerre
Nous ne saurions quoi faire
Nous ne voulons pas voir
Les gens vivre dans la guerre
Donc nous sommes retournés
Vers Dieu
Nous l'invoquons
Nous le louons
Nous le prions
En défaveur
De la guerre
Pour que la paix règne.

Nous prions Dieu
Pour qu'il protège l'humanité
Contre les calamités
Qui l'enfonce dans l'adversité
Et dans la misérabilité
Pour que nous vivions dans la prospérité.

Nous prions Dieu
Pour les écrivains
Qui ont l'esprit sain
Et qui luttent contre
Les propos malsains
En faveur d'un monde serein.

8. LE MONDE S'OBSCURCIT

Le monde ne cesse de s'assombrir
Les ennuis envahissent nos esprits
Parce que nous aimons les sentiments odieux
Et notre vie se détruit par les multiples péchés.

Notre vie est laminée par le souci
Puisque nos cœurs suivent
Les péchés qui nous nuisent.

Nous ne pouvons pas supporter les maladies
Mais à longueur de journée
Nous sommes exposés aux péchés
Qui provoquent les maladies.

Nous répondons à l'appel du diable
Pour assouvir nos illicites désirs
Nous refusons les préceptes divins
Qui peuvent nous assagir.

Quand le malheur nous touche
Nous pleurons et nous nous attristons
Nous prions pour qu'il disparaisse

Quand le bonheur nous touche
Nous rions et nous nous amusons
Nous oublions carrément Dieu
Nous sommes simples d'esprit
Nous agissons toujours contre notre vie.

Nous nous éloignons de Dieu
Qui nous a ordonné d'être des hommes vertueux
Afin de ne pas continuer à commettre à volonté
Les péchés qui sont interdits par Dieu.

Nous nous approchons du diable
Pour commettre des péchés abominables
Qui nous condamnent de vivre
Dans une vie instable et misérable.

9. LES PASSIONS ET LE MALHEUR

Tant que nous suivons
Ce que nous voulons,
Notre vie sera un champ de malheur
Tant que nous continuons
À remettre en cause le juridisme,
Notre vie sera celle du misérabilisme.

Les passionnés
De tentations
Les passionnés
Qui se rappellent
Rarement de Dieu,
Les passionnés
Qui préfèraient de vivre
Comme ils voulaient
Et se contrefoutaient
Des conseils qu'on leur donnait
Et finissaient par regretter
Et vivre dans la mendicité
Qui fera d'eux des personnes sans dignité.

Les passionnés
De tentations
Qui sont dominés par le désir
De se distraire sans réfléchir
Qu'un jour leurs âmes s'envolent
Vers le ciel pour une justice impartiale.

10. UNE LANGUE INCONTRÔLÉE

Nous sommes dominés
Par le désir de parler
Sans nous contrôler
Parce que nous avons oublié
Que ce qui sort de nos bouches
Sera noté dans un livre bien gardé
Afin d'être déféré devant Dieu
Qui tranche en toute équité
Pour une finalité
De pleurs sans arrêt
Ou une éternelle gaieté.

11. LE DÉSIR

Nous sommes
Dominés par le désir
De suivre le mouvement
De nos cœurs
Sans avoir peur
De penser aux conséquences
Qui provoquent la misère
Et l'entrée à l'enfer.

Nous sommes dominés par le désir
De délire ludique
Le désir qui nous a fait
Des gourgandines
Et des gourgandins
Pour agir contre les ordres divins
Pour parvenir à un malheureux destin.

Nous sommes motivés
Dans les choses insensées
Et on s'énerve contre les conseils
Prodigués vis-à-vis de nos péchés.

Nous sommes motivés
De commettre des péchés
Sans avoir le regret
Ni penser au danger
Préparé par Dieu.

Nous nous moquons
Des hommes vertueux
Qui œuvrent pour Dieu
S'abstiennent des péchés
Et s'éloignent des ordres diaboliques
Qui les exposent aux fins merdiques.

Nous sommes devenus
Compagnons des diables
Et parpaillots à l'égard de nos religions.
Nous préférons la violation
Des lois divines
Que d'avoir la vocation
De respecter les limites divines.

12. CONNAÎTRE SA RAISON D'ÊTRE

Naître sans connaître
Sa raison d'être, c'est vivre
Dans l'absurdité et dans l'ambiguïté
Qui nous poussent à prendre le contre-pied
Les ordres édictés par Dieu
Et finir vivre dans l'obscurité
Qui nous conduira à un malheureux regret.

Naître, c'est connaître sa raison d'être
Naître, c'est comprendre sa raison d'être
Naître, c'est honorer sa raison d'être
Naître, c'est vivre sagement
Afin de mourir utilement.

13. REFUS DES NORMES

L'actuel monde
Est devenu à l'envers
La honte est devenue une norme
La vérité est rejetée
Le mensonge est sollicité
L'injustice est pratiquée
Les injustes sont aimés
Les justes sont détestés
Les flatteurs sont récompensés
Les défenseurs de la vérité sont emprisonnés
Les flagorneurs vivent dans le bonheur
Les sincères vivent dans la misère.

Que le monde soit dirigé par les altruistes !
Que l'égoïsme soit détruit par l'altruisme !
Que la vérité soit aimée par les riches et les forts !
Que les hommes sages dirigent le monde !

14. LES ORGUEILLEUX

J'écris contre les orgueilleux
Qui négligent leurs semblables
En raison de leur situation pitoyable.

Les orgueilleux qui ignorent la surprise de Dieu
Qui ont usage de négliger ceux
Qui vivent dans les difficultés
En tenant des propos qui ne sont pas vertueux,
En affichant un comportement irrespectueux
À l'égard de celles ou ceux qui vivent dans la pauvreté.

Je m'adresse à vous pour vous
Dire que s'enorgueillir sur les autres,
C'est être méprisable à l'égard des autres,
S'enorgueillir sur les autres, c'est devenir
Une personne détestable en face des autres.

La vertu de ma poésie est un conseil
Pour ceux qui préfèrent l'orgueil
Et elle est un apprentissage
Qui nous rend sages
Afin d'apprendre la science

Pour lutter contre l'arrogance
Qui est une défaillance
Qui n'honore pas notre existence.

Nous détestons l'orgueil
Nous aimons la modestie
L'orgueil est ma haine
La modestie est mon amour
L'orgueil est une imperfection
La modestie est une perfection
Et une amélioration
L'orgueil est un rejet social
La modestie est un soutien social
L'orgueil est une œuvre du diable
Qui ordonne les actes abominables
La modestie est une œuvre de Dieu
Qui ordonne les actes pieux et vertueux.

Que l'orgueil s'absente totalement
Dans nos comportements !
Que la modestie nous gagne totalement !

15. VAUX MIEUX ÊTRE CONNU PAR LES ANGES

Ne vivez pas pour plaire aux gens
N'oubliez pas la présence des anges
Auprès de vous
Pensez à Dieu qui voit tout
Et aux anges qui écrivent tout
Ne vivez pas pour plaire aux créatures
Mais vivez pour plaire au Créateur qui est pur.

Nous ne sommes pas créés
Pour s'amuser, mais pour adorer
Nous ne vivons pas éternellement au monde
Tout le monde va quitter ce bas-monde
Ne faisons pas les choses de la honte.

J'aime être connu par les anges
Plus que par les gens.
Je n'écris pas pour une renommée
Ni pour chercher une célébrité
Ou encore une notoriété auprès de ma cité
J'écris parce qu'il y a une nécessité
D'écrire pour sauver l'humanité contre la mocheté
J'écris pour appeler l'humanité au respect de Dieu.

16. LA SUPÉRIORITÉ

Être supérieur aux autres
Ne signifie pas être orgueilleux
Le but de ma poésie prend le contre-pied
De ceux qui veulent se vanter
En ayant l'esprit de la supériorité
Parce qu'ils vivent dans une renommée
Ou parce qu'ils ont une historité
Connue par l'humanité.

La vertu de ma poésie
Dit que l'homme qui est supérieur
N'est pas celui qui vit dans la richesse
Et celui qui est inférieur
N'est pas celui qui vit dans la détresse,
Mais l'homme est supérieur quand il vit et agit
Selon ce que Dieu lui recommande
L'homme est supérieur aux autres
Lorsque sa vie est un amour pour les autres
L'homme est supérieur lorsque son caractère est noble
L'homme est supérieur aux autres lorsque
Les autres disent qu'il est supérieur.

L'homme supérieur n'est pas orgueilleux ; il est modeste.
L'homme supérieur n'est pas arrogant ; il est sympa.
L'homme supérieur n'est pas vaniteux,
Il rend service aux autres pour l'amour de Dieu.
L'homme supérieur ne se glorifie pas de son origine,
Il respecte toutes les créatures divines.
L'homme supérieur respecte son semblable
Sans l'esprit de discrimination, ni celui de la ségrégation.
L'homme supérieur, n'est pas raciste, ni népotiste
Mais il est socialiste et altruiste.
L'homme supérieur n'est pas misanthrope
Cependant, il est toujours philanthrope.

17. RESPECT À AUTRUI

Je ne suis guère sans autrui
Ma vie ne prendra
Sens que par l'existence
De mon semblable.

Ce que nous disons
Ce que nous faisons
Ne trouve sa valeur
Que dans la présence de notre semblable
Il nous est impératif d'être respectable
Et sociable à l'égard des autres
Pour que nous soyons estimables.

Peu importe dans quel état ils vivent
L'essentiel est de respecter leur vie.

Ne soyons pas contents de voir
Les autres vivre dans les ennuis
Ou encore dans les soucis
Mais soyons unanimement forts
Conjuguons de conserve nos efforts

Luttons ensemble contre l'inconfort
Pour que les uns, les autres vivent dans le confort.

Je ne suis guère
Sans mon semblable
Autrui est la quintessence
De mon existence
Parce qu'il a accueilli ma naissance
M'a sauvé de la souffrance
M'a libéré de l'ignorance
M'a donné les connaissances
Pour que je vive dans l'aisance.

Ma poésie s'irrite contre l'orgueil
Parce qu'il est détesté par Dieu.
La présence d'un homme orgueilleux
Auprès de moi n'est pas désiré
Son absence est oublié
Mes oreilles ne veulent
Pas ses mots irréfléchis
Car je serais en ostie
D'entendre des vocables irréfléchis.

Ma poésie se révolte contre l'orgueil
Parce qu'il est condamné par Dieu

La présence d'un homme orgueilleux
Auprès de nous
Nous met en courroux
La présence d'un homme orgueilleux
Est indésirée par nos yeux
Ils ne veulent pas le regarder
Nos oreilles ne veulent pas l'écouter
Nos cœurs ne peuvent pas l'aimer
Mais nous prions en sa faveur
Pour qu'il prenne le chemin du bonheur
Afin qu'il soit aimé et désiré
Par les gens et par Dieu
Pour vivre socialement
Et respectueusement avec autrui.

Rien ne sert de s'enorgueillir
Il faut donc s'assagir pour construire
Une vie sociable qui va te rendre estimable
Afin que ta présence soit mirifique
Ton absence soit nostalgique
Ta mort soit une tristesse
Pour que Dieu t'accueille à bras ouverts
Afin de te protéger contre l'enfer.

18. ARROGANTS ET MÉCRÉANTS

Les arrogants qui sont insolents
Qui ignorent que le respect est important
Pour tous les êtres vivants
Et adoptent un comportement arrogant
Qui attire la haine et le mépris des autres contre eux.

Les mécréants qui sont devenus méchants
Qui commettent des actes écœurants
En oubliant le châtiment divin qui est terrifiant
Et le jour du jugement qui est souffrant
Où il n'y a pas de possibilité pour échapper
Ce qui nous est destiné
Comme l'enfer qui est le lieu
Que l'homme ne pourra plus supporter.

Aujourd'hui vous avez toutes les possibilités
D'œuvrer pour que vous retourniez
Vers Dieu qui est plein de bonté
Qui peut transformer les péchés
En bonnes œuvres enfin de vous protéger
Contre le danger que l'homme ne pourra plus endurer.

Les médisants qui tiennent des propos incohérents
Et blessants, les médisants qui vexent leur semblable
Par leur langue salissable.
La médisance est un grand péché
Délaissez la médisance avant que vous mourriez
Versez vos larmes à foison avant que
Vos âmes quitteront vos corps.

19. LES SAGES

La vertu de ma poésie
Nous apprend la sagesse
Être sage, c'est s'abstenir
Ne pas blesser volontairement son semblable,
Être sage, c'est éviter la plaisanterie
Qui met en colère autrui,
Être sage, c'est plaire par sa présence
Pour que ton absence soit une souvenance pour autrui.

Les sages sont ceux qui cherchent à éviter
Tout ce qui provoque la colère de Dieu.
Les sages sont ceux qui préfèrent servir
Leurs semblables sans s'enorgueillir sur eux.
Les sages sont soucieux
De rendre le monde merveilleux.
Les sages sont ceux qui préfèrent le silence
Aux paroles de la désobéissance.
Les sages sont ceux qui ont l'esprit de tolérance
Et se battent contre la vengeance.
Les sages sont ceux qui ne se contentent
Pas de leur identité culturelle
Pour dire des choses cruelles.

Les sages sont ceux qui respectent
Les autres sans considérer leur provenance.
Les sages sont ceux qui acceptent la pauvreté
Pour sauvegarder leur dignité au lieu de la mendicité
Qui les rend indigne eu égard à la société.
Prenons la peine de vivre avec la sagesse
Pour attirer l'estime des autres.
Prenons la peine de respecter les autres
Car sans les autres notre vie sera comme
Un arbre qui n'offre pas une ombre.

20. PRIÈRES

Prions pour améliorer notre vie
Prions pour que les ennuis quittent nos esprits
Prions pour que Dieu nous écarte des péchés
Prions pour qu'on se soumette aux ordres de Dieu
Afin de contrer tous les chemins spécieux
Qui rendent douteux notre succès.

Obéissons à Dieu
Désobéissons aux diables
Qui rendent notre vie méprisable.

21. L'AMITIÉ

L'homme ne peut pas vivre sans l'amitié.
Prions donc Dieu pour une bonne amitié.
Une amitié de qualité
Une amitié qui nous montre
Le chemin de Dieu.

Une amitié qui s'énerve lorsque
Nous transgressons à volonté
Les préceptes de Dieu
Et se contente quand nous vivons
Sous le respect des lois de Dieu.

La vraie amitié n'est pas une absurdité
La vraie amitié est une fratrie et une confrérie.

Les vrais amis ne sont pas des ennuis
Les vrais amis ne trahissent pas en catimini
Leurs amis.
Les vrais amis n'ont pas la jalousie vis-à-vis
De leurs amis.
Les vrais amis ont des impacts positifs sur notre vie.
Les vrais amis, sont ceux qui te conseillent lorsque tu

déconnes.
Les vrais amis, sont ceux qui t'encouragent lorsque tu te décourages.
Les amis sont ceux qui se contentent pour ton avancée.
Et se mécontentent quand tu régresses.
Les vrais amis sont ceux qui t'aident à la perfection
Et t'empêchent à l'imperfection.
Les vrais amis ne sont pas des passionnés déviants,
Mais ils sont des ambitieux vaillants.
Les vrais amis te contrôlent sagement en acte et en parole lorsque tu te comportes mal.

L'amitié est une éternité
Lorsqu'il y a une sincérité
Et une vérité
De part et d'autre
Sans arrière-pensée.

L'amitié s'arrêtera
Et se transformera
En une rivalité, une hostilité
Lorsqu'elle se fonde
Sur les tentations, les trahisons
Bref tous les péchés
Qui sont prohibés par Dieu.

Les vrais amis s'aiment pour l'amour de Dieu
Se respectent pour l'amour de Dieu
S'entraident pour l'amour de Dieu
Acceptent de corriger mutuellement leurs erreurs
Pour qu'ils deviennent meilleurs et sincères.
Les vrais sont ceux qui se confient leurs secrets
Et protègent leurs intérêts.

22. LA DÉSOBÉISSANCE

La vertu de ma poésie
Est un appel à l'obéissance
Pour nous mettre en garde
Contre la souffrance.

Quand l'obéissance s'arrête
C'est la déviance qui commence
Quand la déviance commence
C'est la souffrance qui tourmente.

Quand la science s'absente
C'est l'ignorance qui commande
Quand l'ignorance commande
C'est les maux qui s'installent
Quand les maux s'installent
C'est notre vie qui se détruit.

Donc haïssons la désobéissance
La défaillance et la négligence.
Aimons profondément l'obéissance
Aujourd'hui nous sommes vivants
Demain nous serons morts.

La vertu de ma poésie
Est un regret
D'avoir commis des péchés
Pour transgresser
Les limites sacrées
De Dieu dans les lieux cachés
Qui ne peuvent plus empêcher
Le regard de Dieu. C'est ainsi qu'un
Savant disait: ‹‹ Dieu observe la fourmi noire
Dans une nuit noire et sur une pierre noire ››.

Ô ! Mon Dieu
Le plus miséricordieux
La mort est inéluctable
Le paradis est agréable
L'enfer est terrible, désagréable
Et insupportable.

Le monde est éphémère
L'au-delà est éternel
Ô ! Mon Dieu accepte nos repentirs
Nous sommes une créature
Très faible.
Ne nous jettes pas en pâture.

La vertu de ma poésie
Exclut en moi la notion de la vie privée
Et le désir de vivre en toute liberté
Parce qu'elle prend en compte les lois de Dieu.

Je ne suis pas libre
De vivre comme je veux
Dieu m'a indiqué
Dans ses livres
Le chemin qui limite ma liberté
Afin de fuir les péchés.

La vertu de ma poésie
Respecte les limites de Dieu
Elle refuse d'obéir aux dieux
Qui sont des hypocrites furieux
Ils sont impétueux et spécieux
Qui prennent l'apparence des hommes pieux
Alors qu'ils se cachent dans les lieux
Cachés pour enfreindre les limites de Dieu.

Ayons le regret de pleurer
À foison sur nos péchés
Prenons la décision de ne plus répéter
Aujourd'hui on se cache
Pour commettre des péchés

Demain nos péchés
Seront publiés par Dieu.
Un jour pour rire
Un jour pour pleurer.
Nous ne sommes pas nés pour nous amuser
Mais nous sommes nés pour adorer
Nous adorons pour mourir
Nous mourrons pour être jugé
Par Dieu afin que nous reposions
Dans un lieu de délice
Ou nous souffrons dans celui du supplice.

Nous ne sommes pas libres
De vivre dans une distraction de transgressions
Nous sommes dans l'obligation
De consacrer notre vie à l'adoration
Nous ne suivons pas nos passions
Mais nous devrions avoir une vocation
Qui nous protègera contre toute aberration.

Dormons peu
Adorons beaucoup
Pour que Dieu nous accorde la foi
Qui est une source de vivre dans la joie.

La vertu de ma poésie

Est une parole qui nous
Dit que le monde est beau
Mais pensons aux tombeaux
Pour que nos cœurs ressentent les frissons
Afin de ne pas vivre dans les maux
Qui nous conduisent à l'enfer
Qui ronge même le fer.

Le monde est beau
Mais il est éphémère
On ne demeure pas éternellement.

La defunction
Est une évidence
Abstenons nous de la désobéissance
Donc évitons de suivre les passions
Qui nous orientent vers les tentations.

Nous ne pouvons
Pas vivre comme des anges
Mais nous devons être des hommes sages
Pour ne pas mettre notre vie aux ravages
Donc tournons la page
Pour vivre tout en étant sages
Pour qu'on soit aux anges.

Fuyons les péchés
Les péchés qui nous coupent de Dieu
Et nous allient au diable
Pour dire et commettre des actes odieux
Qui agissent contre nos intérêts.

Fuyons les péchés
Dont leurs conséquences
Sont : la souffrance et le souci
Qui nous maintiennent dans les ennuis
Et dans la pauvreté
Qui ne renforcent sur nous que les difficultés.

Fuyons les péchés
Qui provoquent la misère
Frustrent nos cœurs
Et nous font vivre
Dans la peur et la frayeur.

Fuyons les péchés
Et dirigeons-nous vers Dieu
Pour l'adorer afin de nous aimer
Et de nous orienter
Vers la voie de la foi
Pour que notre vie soit une joie.

Fuyons les péchés capitaux
Qui nous renferment dans une
Prison des démons.

Les hommes désobéissants
Qui préfèrent suivre le diable
Qui les rend mécontents
Que de se soumettre aux commandements
De Dieu qui rendent l'homme content.

Oh ! les hommes désobéissants
Qui sont incapables d'accepter
Les paroles de Dieu, et capables de vivre
En suivant les ordres du diable
Qui n'insufflent que le conseil pernicieux.

Pensez-vous que vous êtes créés
Pour s'amuser ?
Non, vous n'êtes pas
Créés pour que vous viviez votre vie
Selon ce que vous voulez
Mais selon ce que
Dieu vous ordonne
Ayez donc le regret
De devenir de bonnes personnes
Et pensons au règlement de compte.

La vie change sa couleur tout le temps
Aujourd'hui nous sommes contents
Demain, nous serions mécontents.

Un jour on pleure
Un jour nous rions
Tantôt on s'énerve
Tantôt on se contente.

Quand nos cœurs sont frustrés
Nos visages seront crispés
Quand nos cœurs sont apaisés
Nos visages seront radieux.

Ce qui fruste nos cœurs
Sont les évènements, le dissentiment
Et le point de vue d'autrui
Qui s'opposent à notre conception de vie.

Ce qui frustre nos cœurs sont les péchés
Ce qui tranquillise nos cœurs
Sont des regrets et le respect de Dieu.

Un jour pour rire
Un jour pour pleurer
Parce que la vie

Ne sera toujours pas ce que nous voulons
La vie a ses vicissitudes
Ayons donc une aptitude
D'être patients et combattants
Pour transformer les difficultés en tranquillité.

Un jour pour rire
Un pour pleurer
Aujourd'hui la vie t'épanouit
Demain elle t'ennuie
Ainsi va la vie
Soyons endurants
Soyons constants
Pour ne pas être des fuyants
Mais trouvons des expédients
Contre tous les évènements ennuyants.

Un jour pour rire
Un jour pour pleurer
La vertu de ma poésie
Est un message
Qui s'adresse aux poètes
Pour contrer toutes les choses
Qui renforcent les intentions bêtes.

Chers poètes du monde
Le monde nous appartient

C'est à nous de constituer
Un front commun
Pour lutter contre
Tout le front d'airain
Et appeler le monde au respect humain
En luttant contre les penchants malsains.

La vertu de ma poésie
Est une redondance
De mots qui touchent nos cœurs
Et nous invitent à la peur.

Aujourd'hui nous sommes
Au-dessus de la terre
Demain nous serions
En dessous de la terre
Protégeons notre vie
Contre toute infamie.
Aujourd'hui nous rions
Demain nous pleurons.

Un jour pour rire
Un jour pour pleurer
Dieu nous a interdit de tuer
Nous avons désobéi à sa parole
Et nous avons commis ce qui est drôle.

23. LES CROYANTS

La vertu de ma poésie
Est un message qui s'adresse
Aux personnes religieuses.
Être religieux, c'est avoir une mission sur cette terre.
Être religieux, c'estœuvrer pour accomplir cette mission.
Être religieux, c'est viser l'idéal.
Être religieux, c'est refuser l'arbitraire.
Être religieux, c'est être utile pour Dieu, pour les autres et pour soi-même.
Être religieux, c'est respecter la nature.
Être religieux, c'est chercher à connaître le but de son existence.
Être religieux, c'est apprendre à vivre dignement.
Être religieux, c'est accepter volontiers de vivre selon l'exigence de sa religion.
Être religieux, ce n'est pas être un parpaillot.
Être religieux, c'est donner la priorité aux lois divines en maîtrisant son égo.
Être religieux, c'est marcher sur un seul chemin.
Être religieux, c'est s'opposer aux tentations.
Être religieux, c'est avoir une noble ambition.

Être religieux, ce n'est pas jouer du pipeau.
Être religieux, c'est avoir l'audace de lutter pour réussir loyalement.
Être religieux, c'est être au service des autres après sa réussite.
Être religieux, c'est sortir de l'obscurité vers la lumière.
Être religieux, c'est aimer la vérité en haïssant le mensonge.
Une religion est une lumière dans l'obscurité.
Une religion est une équanimité contre les difficultés.
Une religion est une aisance contre la souffrance.
Dieu a choisi l'homme par rapport à toutes les créatures.
Il a donné aux animaux la faculté de voir, de manger
Et à l'homme la faculté de réfléchir, de penser et de discerner.

Que la souvenance divine soit notre pensée !
Que l'amour de Dieu envahisse notre cœur !
Que notre vie soit vouée à l'adoration de Dieu !
Que la désobéissance soit notre répugnance !
Que l'adoration soit notre ambition et inspiration !
Que les limites interdites par Dieu soient respectées
Par notre manière de vivre, de penser et de réfléchir !
Amen.

24. ÉLOGE AUX CROYANTS SINCÈRES

La vertu de ma poésie
Est un éloge aux croyants sincères
Qui adorent Dieu même
S'ils vivent dans la misère.

La vertu de ma poésie
Est un louage
Aux croyants sages
Et patients qui n'adorent pas Dieu
Par nécessité
Ni lorsqu'ils sont touchés
Par une adversité
Mais ils adorent Dieu
Avec sincérité
Parce qu'il faut l'adorer.

25. COMMENT BIEN VIVRE ?

La vertu de ma poésie
Est notre guide qui nous montre l'itinéraire du bonheur
Et la joie de bien vivre.
Où se trouve-t-elle la meilleure joie de vivre ?
Bien vivre, c'est honorer sa vie.
Honorer sa vie, c'est donner un sens positif à son existence.
Donnez un sens positif à son existence,
C'est emprunter sans dérive le chemin de la religion.
Emprunter le chemin de la religion,
C'est combattre l'hypocrisie.
Combattre l'hypocrisie,
C'est croire en Allah unique.
Croire en Allah unique,
C'est avoir une conviction forte en lui.
Avoir une conviction forte en lui,
C'est vivre avec ses exigences.
Bien vivre, c'est faire en sorte que Dieu
Soit présent dans nos manières de vivre.

Bien vivre, c'est éviter à tout prix ce qui blesse l'amour-propre de son semblable,

Bien vivre, c'est être ouvert d'esprit,
Bien vivre, c'est vivre pour inspirer l'autre,
Bien vivre, c'est d'être un exemple positif pour l'autre.

Bien vivre, c'est valoriser son existence
Bien vivre, ce n'est pas se perdre
Dans la désobéissance.
Bien vivre, c'est vivre dans l'obéissance
Bien vivre, c'est être utile pour les autres,
Pour Dieu et pour soi-même
Bien vivre, ce n'est pas oublier l'au-delà.

26. POURQUOI VIVRE DANS LE LIBERTINAGE ?

La vertu de ma poésie
Se révolte et s'interroge contre une vie de libertinage
Et l'ignorance de notre but de naissance.
Pourquoi naître et vivre dans le libertinage ?
Pourquoi vivre dans le libertinage alors que nous sommes mortels ?
Pourquoi sommes-nous mortels
Et ne cherchons-nous pas à savoir le but de notre naissance ?
Pourquoi avons-nous fait de notre naissance une subjectivité
Alors que nous sommes nés pour une objectivité ?
Pourquoi préférons-nous l'idiotie à la sagesse ?
Pourquoi fuyons-nous la lumière pour l'obscurité ?
Pourquoi vivons-nous comme un animal, alors que nous sommes des êtres humains
Qui ont une raison, une faculté de comprendre et de discerner le mal du bien ?
Pourquoi préférons-nous l'ignorance à la science ?
Ne sommes-nous pas mortels ?
Demeurerons-nous éternellement sur cette terre ?
Si nous sommes mortels, jusqu'à quand allons-nous

Continuer de vivre dans les péchés ?
Ne croyons-nous pas à l'existence de l'enfer et du paradis ?
Ne croyons-nous pas au jour du jugement dernier
Qui estterrible ?
Pourrions-nous faire une objection à la force divine ?
Sommes-nous insensibles au supplice éternel ?

Oh ! Mes frères et mes sœurs
Je crains pour nous l'enfer
L'enfer qui est fort
Et brûle le corps
L'enfer qui est lieu de la souffrance
Réservée aux partisans de la désobéissance,
L'enfer qui est extrêmement chaud
Et ne sera plus atteint par l'eau,
L'enfer qui est une vérité
Créé par Dieu pour tenailler
Les méchants, les hypocrites
Et les mécréants qui vivent et meurent dans les péchés
Pourriez-vous supporter l'enfer ?
Non plus car l'enfer est insupportable
Il est une atrocité
Une obscurité
Une chaleur
Un lieu de pleurs

Un lieu de la misère
Un lieu de la galère
Un lieu de famine
Où les aliments sont
Des impuretés
Qui sortent des narines,
Un lieu de soif
Où les boissons sont très amères.

Oh ! L'être humain
Ne vit pas pour les festins
Ne mets pas ton destin dans le pétrin
Fallait détester les sentiments vilains.
Ayez la honte pour faire un retour aux normes
Les normes qui sont la repentance
La souvenance et l'obéissance.
Les normes qui sont : le remords,
Des pleurs et l'abandon de l'itinéraire
De l'enfer.

27. LA PATIENCE

La vertu de ma poésie
Recommande la patience
L'endurance, la tolérance
Face à l'ambivalence de la vie
Pour perfectionner notre existence.

Les patients sont ceux qui trouvent des expédients
Pour résoudre leurs problèmes.
Ceux qui patientent, sont ceux qui ne se plaignent pas
face aux difficultés de la vie.
Ceux qui patientent, sont ceux qui endurent les
difficultés de la vie dans l'espoir
Pour devenir des triomphateurs.
Ceux qui patientent, ne perdent
Jamais l'espoir de réussir.
Ceux qui patientent, sont plus forts
Que les difficultés de la vie.
Ceux qui patientent, sont ceux qui s'apprêtent d'avance
Pour affronter les difficultés de la vie.
Ceux qui patientent, sont ceux qui ont la constance
d'endurer sans grogner.
Ceux qui patientent, sont ceux qui ne manifestent

Pas leur ras-le-bol par face aux obstacles
De la vie mais ils sont capables de les combattre.
Ceux qui patientent, sont ceux qui ne mendient
Pas parce qu'ils vivent dans la pauvreté,
Mais se contentent toujours
De ce qu'ils possèdent pour préserver leur dignité.
Ceux qui patientent, ne cherchent pas
À se mesurer aux autres,
Mais ils ont la satisfaction de ce qu'ils ont.

28. RÉUSSIR DANS LA VIE

La vertu de ma poésie
Est notre guide
Qui nous indique
Le chemin de réussir dans la vie.

La vertu de ma poésie
Nous explique comment réussir sa vie.
Réussir dans la vie
N'est pas uniquement
Une question d'intelligence
Mais une question d'éducation.
Réussir dans la vie, c'est être objectif,
Réussir dans la vie, c'est avoir le courage de combattre
Les difficultés de la vie pour atteindre son objectif,
Réussir dans la vie, c'est apprendre à supporter l'échec
pour se fortifier.
Réussir dans la vie, c'est avoir sa propre vision de soi.
Réussir dans la vie, c'est ne pas se laisser dominer par
l'opinion d'autrui.
Réussir dans la vie, c'est savoir se comporter
Pour être respecté, estimé et aimé par autrui.
Réussir dans la vie, c'est être vivre avec la sagesse et

la modestie.
Réussir dans la vie, c'est être un allié inséparable de Dieu.
Réussir dans la vie, c'est être tolérant à l'égard de ceux Qui t'ont fait du mal.
Réussir dans la vie, c'est agir contre le mal par le bien.
Réussir dans la vie, c'est luttercontre l'esprit vindicatif.
Réussir dans la vie, c'est comprendre et savoir que tout Le monde n'a pas la même conception de vie.

29. UN HOMME QUI AVANCE

N'est pas celui qui recule,
Un homme qui court n'est pas celui qui marche,
Un homme qui marche n'est pas celui qui trébuche,
Un homme qui réussira n'est celui qui se distrait,
Un homme objectivé, n'est pas celui qui déraille,
Un homme ambitieux, n'est pas celui qui suit les passions.

30. L'AMBIVALENCE DE LA VIE

La vie est ambivalente
Elle est bouleversante
Seule la patience et la constance
Nous permettent de vaincre
Les événements qui nous frustrent.

Un jour j'étais choqué et affligé
Par un évènement privé
Du sens de la moralité
J'étais suffoqué et dépaysé.
Certains m'ont conseillé de me venger
D'autres m'ont insufflé l'idée de pardonner
Au final, je m'étais trouvé
Dans un dilemme alambiqué
Je me suis tourné
Vers Dieu, il m'a montré
Que la vengeance est une faille
Et une œuvre des canailles
Et la tolérance est une gloire
Qui rapporte la victoire
Qui fera de nous une renommée notoire.

31. ÉVITONS LA JALOUSIE

La vertu de ma poésie
Est une description de personnes
Qui souffrent de la jalousie.
Les personnes jalouses ont du mal à apprécier le mérite d'autrui.
Les personnes jalouses, sont toujours détracteurs du mauvais goût.
Les personnes jalouses, sont ceux qui se contentent si les autres échouent.
Les personnes jalouses, sont ceux qui se focalisent
Sur les défauts d'autrui plus que sur les qualités.
Les personnes jalouses, sont ceux qui se contentent lorsque le malheur touche ceux qui vivent dans l'opulence.
Les personnes jalouses, sont ceux qui ne n'acceptent jamais la volonté de Dieu.
Les personnes jalouses aiment toujours criticailler pour dénigrer que de conseiller pour corriger.
Les personnes jalouses, sont ceux qui s'opposent à la générosité de Dieu.
Les personnes jalouses sont ceux qui sont incapables d'œuvrer pour réussir dans la vie.

Les personnes jalouses sont les plus tristes.
Les personnes jalouses sont toujours celles qui sont desrabat-joie.
Les personnes jalouses ne goûtent point le repos d'âme.
Les personnes jalouses souhaitent toujours
Que ce que leur semblable possède disparaisse.
Les personnes jalouses ne veulent plus
Que les autres les devancent en bien.
Les personnes jalouses, sont ceux qui cherchent
L'historique des autres pour les dénigrer lorsqu'ils percent.
Les personnes jalouses cherchent toujours
À ressembler aux autres.
Les personnes jalouses cherchent toujours les défauts
De leur semblable pour le tourner en ridicule en zappant les qualités.
Les personnes jalouses n'ont pas leur propre vision, ni leur conception de vie.
Que Dieu nous mette en garde contre la jalousie !

32. LES PERSONNES MODESTES

La vertu de ma poésie
Est un éloge pour les personnes modestes
Et un cri contre les personnes orgueilleuses.

Les personnes modestes
Sont plus respectés par les autres
Et les orgueilleux sont plus critiqués
Par les autres.

Les personnes modestes
Sont plus aimés par les autres
Alors que les orgueilleux sont plus mal-aimés
Les personnes modestes
Se contentent de conseils pour s'améliorer
Alors que les orgueilleux
Se contentent de flatteries pour se pavaner.

33. ÉVITONS LES PAROLES IDIOTES

La vertu de ma poésie
Est une loi
Qui prohibe la présence
Des paroles sottes
Dans nos bouches
Pour dire des choses moches.

Les paroles
Qui sont drôles
N'ont pas de rôles
Dans nos bouches
Car elles n'apportent pas la victoire
Faut qu'elles soient notre bête noire.

La vertu de ma poésie
Est un éloge pour ceux qui savent bien parler
Et se soucient de se respecter pour respecter l'autre.
Ceux qui savent bien parler, sont ceux qui disent
l'essentiel et se taisent.
Ceux qui savent bien parler, sont ceux qui gardent le
silence face à l'idiotie.
Ceux qui savent bien parler, sont ceux qui ne

répondent pas aux balivernes.
Ceux qui savent bien parler, s'abstiennent pour ne pas dire ce qui irrite l'autre.
Ceux qui parlent bien, sont ceux qui analysent leurs propos avant de les extérioriser.
Ceux qui parlent bien, ne rigolent pas.
Ceux qui parlent bien, ne sont pas médisants.
Ceux qui savent parler, ne sont point calomniateurs.

Respecter l'autre, c'est éviter ce qui lui fait du mal.
Respecter autrui, ce n'est pas blesser sa manière d'être.
Respecter autrui en tant qu'une créature divine.
Respecter autrui, car il est respecté par Dieu.

34. L'ISOLEMENT

Je reste dans un isolement
Et je pense au respect humain
J'écris pour l'être humain
Non plus pour le gain
Je préfère l'être humain
Plus que le gain,
Je ne le méprise pas
Parce qu'il est dans le pétrin
Car je ne peux connaître son destin
Ni son lendemain.

Je reste dans un isolement
Je me donne à l'étonnement
Parce que l'actuel monde
Donne l'importance à l'homme
Que lorsqu'il vit dans une richesse
Même si elle est illicite.
Je m'épate fort
Que les pauvres
Soient négligés
Même s'ils sont vertueux
À l'égard de Dieu.

35. RESPECTONS DIEU

Dieu nous a interdit de voler
Nous lui avons désobéi et nous avons chouravé
Dieu nous a exigé de prier
Nous avons négligé la prière
Nous avons choisi de dormir et rigoler.

Dieu nous a mis en garde
Contre la corruption
Mais nous la pratiquons
Pour tirer un pot-de-vin
En se contrefoutant de préceptes divins.

Dieu nous a interdit de forniquer
Nous sommes cachés dans un lieu
Et nous avons joué du manicordion
Tout en étant heureux.

Dieu nous a interdit de s'enivrer
On s'enivre sans s'inquiéter
Dieu nous a interdit de manger l'illicite
Mais nous disons que l'illicite et le licite sont pareils
L'essentiel est que nous vivons dans une vie de luxe.

Dieu nous a informé que l'enfer est dur
Mais nous nous détournons du rappel qui est sûr
Nous disons que ce qui est du monde
Doit finir au monde
Mais non plus, Dieu nous a dit que le monde
Est un champ de l'au-delà
Nous récolterons ce que nous semons
Si nous semons la désobéissance
La récolte sera la souffrance
Si nous semons l'obéissance
La récolte sera l'aisance.

Après tant de désobéissance à l'égard de Dieu,
Tant des péchés majeurs et mineurs,
Sachons que nous ne demeurons pas
Sur cette terre
Qui est une terre
De multiples obstacles
Une terre de misère
Qui bouleverse nos cœurs
Une terre de galère
Une terre de maladies
Répétitives qui mettent tout au ralenti
Une terre où les maladies
Font leur recrudescence

Par de multiples désobéissances
Une terre qui nous bouillonne
Pour rendre notre vie vagabonde
Une terre de soucis
Une terre de pauvreté
Une terre de richesse
Qui n'installe pas nos cœurs l'équanimité
Une terre d'angoisse
Une terre de poisse
Une terre où la trahison se multiplie
Une terre où l'honnêteté se raréfie
Une terre où les lois divines sont abandonnées
Une terre où la loi humaine est ordonnée
Une terre où la valeur humaine est bafouée
Et la valeur pécuniaire est considérée
Une terre où les pauvres sont négligés
Et les riches sont respectés
Par ceux qui ignorent la surprise de Dieu.
Une terre où les malhonnêtes
Sont devenus des marionnettes
Pour exposer à la honte les personnes
Bonnes et honnêtes.
Une terre où le mensonge est aimé et la vérité
Est détestée par la majorité
Une terre où l'amitié est devenue pour la majorité
Une affaire d'intérêt

Une terre où la sincérité est aimée par une minorité
Une terre où on ne s'apprête pas pour rencontrer Dieu
Mais on aime s'amuser, danser, jouer, papoter,
Chanter, médire , insulter, calomnier, babiller
Et dire toutes sortes des grossièretés.
Une terre où la tolérance
Cède sa place à l'intolérance
Une terre où le pardon
Est compris comme une faiblesse
Une terre où la violence
Est pigée comme une bravoure
Une terre où les sages sont mis au ban
Et les méchants sont devenus gérants
Une terre où les propos des griots
Sont plus aimés que les paroles divines
Une terre qui se tend vers sa fin
Mais on vit dans le vin
Qui nous met aux mains
Une terre où nous sommes devenus
Comme des ignares et charognards
On ne s'inquiète que pour mettre du beurre
Dans les épinards.

Nous sommes des missionnaires
Sur cette terre, nous sommes des voyageurs.
Qu'est-ce nous avons préparé pour rencontrer

Dieu ?
Si l'ange de la mort
Nous vient à l'improviste
Au moment où nous sommes
Dans la distraction, dans la violation,
Et dans l'oubli total de la defunction,
Il n'y aura plus une occasion pour le remords.
Aujourd'hui nous sommes en vie
Demain, non plus.

Un jour pour rire
Un jour pour pleurer
Dieu fait ce qu'il veut
Nous ne demeurons pas malheureux
Contre la décision de Dieu
En raison de la mort
Qui prend nos mères
Nos frères
Nos confrères
Nos consœurs
Nos amis
Nos connaissants...

Un jour pour rire
Un jour pour pleurer
Notre vie s'en va

La mort s'approche à grand pas
Aucun rappel de notre part pour le trépas
Nous sommes devenus des renégats
Nous sommes devenus des apostats
Sans être en ta
Ni penser à l'au-delà
Nous sommes comparable au cheptel
Il n'y a aucun rappel
Pour le danger éternel
Nous sommes devenus marauds
Nous sommes comparables aux bestiaux
Nous sommes disposés aux maux
Insufflés par les démons
Qui œuvrent pour notre fiasco.

Un jour pour rire
Un jour pour pleurer
Nous sommes soumis à la concupiscence
Nous sommes privés de la souvenance
Nous rigolons dans l'inobédience
Nous avons une indifférence
Face à la souffrance
Nous refusons de revenirà la repentance
Nous sommes devenus lurons
Subitement nous mourons
Aujourd'hui nous rions

Demain nous souffrons.

Nous jouissons d'une parfaite santé
Nous l'utilisons pour désobéir à Dieu
Nous avons des pieds
Nous marchons pour aller
Vers les lieux proscrits par Dieu
Nous avons une langue
Nous l'utilisons pour insulter,
Calomnier en disant toutes les banalités
Nous avons des oreilles, nous écoutons
La musique, la chanson et les bêtises.

Les lieux de cultes sont désertés
Les lieux de débauches sont fréquentés
Les lois de Dieu sont rejetées
Les lois humaines sont appliquées
Le malheur se multiplie
Le bonheur se raréfie
Les cyclones bouillonnent le monde
Et le tremblement de terre
Nous emprisonne dans la peur.
À chaque fois
Qu'on se prive de la foi,
Pour vivre dans la violation
C'est notre vie qui s'étend vers une destruction.

Nous sommes plus passionnés
Des choses qui provoquent
Le courroux de Dieu
Moins ambitieux d'être des hommes vertueux
Nos cœurs se noircissent par les péchés
Nos jours sont comptés
Nos actes sont notés
Dans un livre bien gardé.

Aujourd'hui, nous marchons sur la terre
Nous nous protégeons contre la chaleur
En modifiant les caractères
Physico-chimiques de l'atmosphère
Nous disons ce que nous voulons
Nous faisons ce que nous voulons
Tant que nous pouvons
Mais demain nous serons sous la terre
Dans une tombe où il n'y a pas point d'air
Ni le mouvement de nos corps
Nous recevrons des anges
Pour un interrogatoire
Qui finira par un malheur éternel
Ou un bonheur éternel.

Nos bouches seront fermées

Où ils n'auront aucune force
De se mouvementer
Nos corps seront déchiquetés
Et puis nous serons ressuscités
Par Dieu pour un jugement
Pour souffrir terriblement
Ou reposer éternellement
Aujourd'hui nous rions
Demain nous pleurons.

Faisons très attention
Repentons-nous avant que nous mourions
Prions incessamment Dieu
Invoquons et pleurons
Sur nos fautes avant qu'il soit trop tard.

Repentons et prions
Pour que nos repentirs soient acceptés par Dieu
Prions pour que notre finalité
Soit une fierté pour nous et pour Dieu.

Que Dieu nous bénisse !
Que nos cœurs soient remplis de son amour !
Que les péchés soient détestés !
Que l'adoration soit aimée !
Que Dieu soit présent dans nos paroles

Nos actes et tous ce que nous faisons !
Amen.

36. LES HOMMES D'INTÉRÊT

Oh ! les hommes d'intérêt
Quand tu vis dans la galère
Ils vont te négliger
Quand ta vie change
Ils cherchent à te respecter.
Pour eux, ta présence
Est un dérangement
Lorsque tu vis dans la pauvreté
Et un profit ainsi qu'un étonnement
Quand ta vie se transforme en gaieté.

Oh ! Les hommes d'intérêt
Qui n'accordent de l'importance
Qu'aux choses du monde
Ils n'ont pas la honte
De négliger la valeur humaine.

37. SANS L'ADORATION

L'adoration est ma raison d'être
Sans l'adoration
Ma vie n'a aucun sens
Ma naissance
Est une obéissance
Et chaque obéissance
Est une reconnaissance
Et un garde-fou contre la souffrance.

Sans l'adoration
Ma vie est insensée
L'adoration est le souffle de ma vie
Elle valorise ma vie
Elle améliore ma vie
Elle perfectionne ma vie
Elle me met à l'abri
Contre les ennuis
Qui rongent mon esprit.

Sans l'adoration
Je suis perdu
Perdu dans une obscurité

Perdu dans les difficultés
Perdu dans la pauvreté
Perdu dans les épreuves
Qui vont rendre ardue
La réalisation de mes rêves.

Je ne pourrais pas continuer à grogner
En raison des mauvaises circonstances
J'espère sûrement gagner
Raison pour laquelle je vis dans l'obéissance.

L'homme qui adore
Dieu n'est pas celui qui dort
Un homme qui est fort
Ne vivra pas dans l'inconfort.

L'homme qui prie
Dieu aura inévitablement
Une vie épanouie
Malgré les emmouscaillements.

Une vie d'obéissance
N'a pas droit à la souffrance
Car l'obéissance nous conduira à l'aisance.

Je ne pourrais vivre dans le souci
Ni me laisser dominer par les ennuis
En raison des problèmes de la vie.

Parce que ce que Dieu a dit
Dans ses livres doit s'accomplir
Au profit d'une vie épanouie.

38. LE DÉSASTRE

Le monde tend vers un désastre
Nous sommes devenus comme des monstres
Nous sommes pris en otage par le diable
Qui ne nous ordonne que les choses horribles
Et ne nous autorise que les maux
Pour commettre des actes immoraux.

Nous travaillons juste pour alimenter nos corps
Nous ne nous soucions pas du travail de nos cœurs
Nous voulons juste manger
Sans s'inquiéter de la nature du manger
Nous voulons parler juste pour parler
Nous ne nous soucions pas d'améliorer
Notre manière de vivre
Nous voulons toujours être des hommes libres
Pour vivre comme des personnes ivres.

Nous sommes allergiques
De vivre dans le malheur
Mais nous sommes disposés
Aux multiples péchés
Qui rendent notre vie catastrophique

Et provoquent des péripéties
Qui bouillonnent notre vie
Et traumatisent nos esprits
Pour renforcer les ennuis
Qui nuisent à notre vie.

39. LE DÉSIR ET LE MALHEUR

De plus en plus, nous suivons le désir de nos cœurs
De moins en moins, le monde continue d'être à l'envers
Pour nous enfoncer de vivre dans les malheurs
Les malheurs qui sont les maladies
Et le tremblement de terre
Les malheurs qui sont les guerres
Les guerres qui nous font vivre
Dans la misère et dans la galère
Les guerres qui tuent nos pères,
Nos amis, nos sœurs, nos confrères,
Nos frères pour rendre notre vie amère.

Les guerres qui nous expulsent
De nos pays de naissance
Pour aller vivre dans les autres pays
Sous l'influence de la souffrance.

Les guerres qui nous exposent
À la mendicité, à la pauvreté,
Aux atrocités et à toutes les difficultés.

Oh ! Les dirigeants du monde

Oh ! Les dirigeants
Qui se servent de la guerre
Pour préserver leur honneur
Craignez Dieu
Ne commettez pas des actes odieux
Ne tuez pas nos enfants
Ne rendez pas nos parents mécontents
Ne nous expulsez pas de nos pays
Nous avons besoin de la paix pour vivre
Et nous détestons la guerre qui nous tue
Et détruit notre vie.

40. NON À L'HYPOCRISIE !

Ne faisons pas recours à l'hypocrisie
Pour obscurcir notre vie
Faisons preuve d'une bonne moralité
Pour préserver la paix au profit de l'humanité
N'ayons pas à cœur l'horreur
Pour souhaiter le meilleur.

Tournons la page pour qu'on soit sage
Afin de ne pas mettre notre vie au ravage.

Ne tenons pas de propos
Qui soutiennent les maux
Mais ayons la circonspection
De respecter nos religions.
Nos religions ne sont pas faites pour les problèmes
Mais pour résoudre des problèmes.

Ne faisons pas des caricatures
Satiriques qui nous jetent en pâture
Mais ayons l'esprit pur
De respecter les créatures
Qui sont vénérés par le Créateur.

Ne soyons des hypocrites en sourdine
Pour provoquer une ruine.

41. POURQUOI LES PÉCHÉS ?

Lorsqu'on s'éloigne des péchés,
C'est la tranquillité qui va s'installer
Dans nos manières de penser,
De parler et d'exister.
Quand nous adorons Dieu,
C'est l'équanimité qui va siéger
Dans nos cœurs
Et nous protége
Contre le malheur
Pour construire une vie
Plein de bonheur.

Nous avons l'intérêt
De ne pas vivre à volonté
Dans les péchés
Car ils sont sources de calamités
Et de multiples difficultés qui sont :
La pauvreté, la misérabilité
Et les autres vicissitudes désastreuses
Qui troublent notre manière d'exister.

Le monde n'est pas une éternité

L'au-delà n'a pas une finalité
Nous ne sommes plus créés pour nous amuser
Ni pour rigoler ou jouer
Mais pour adorer sincèrement Dieu.
Nos langues ne sont pas faites
Pour dire des frivolités et des fatuités.
Nos sexes ne sont pas faits
Pour forniquer, mais pour marier
Afin de nous protéger contre les péchés
Nos oreilles ne sont pas faites pour écouter
Des choses prohibées par Dieu
Mais pour écouter les paroles de Dieu
Qui sont à l'origine de toutes les gaietés.
Nos pieds ne sont pas donnés
Pour aller vers les lieux des péchés
Mais pour se diriger
Vers les lieux de cultes pour adorer Dieu.
Nous avons donc l'intérêt
De nous soumettre aux ordres de Dieu.
Nous sommes dans une nécessité
D'être des hommes vertueux
Nous avons besoin de vivre heureux.

42. RESPECTEZ LES AUTRES

Ne te glorifie pas sur les autres
Car sans les autres
Ta vie sera comparable à un arbre
Dépourvu des feuilles
Donc il ne produit pas de l'ombre.

Ne te glorifie pas sur les autres
Soyez sociable, respectable
Et affable afin d'être estimable
À l'égard des autres
Parce que sans les autres
Ta vie sera immuable et misérable.

Ne soyez pas orgueilleux
Dieu déteste les orgueilleux
Ne soyez pas vaniteux
Pour attirer le regard de la société
En raison de ta générosité
Car il est inutile de semer
Sans être en mesure de récolter.

43. REMERCIEZ DIEU

Dieu nous a donné tant des bienfaits
Avant de te plaindre de ce que tu n'as pas,
Sachez que les autres n'ont pas ce que tu as.
Dieu t'a donné les yeux pour voir la nature
Certains sont aveugles et vivent dans une vie obscure.
Dieu t'a donné les mains
Pour travailler afin de vivre,
Certains sont handicapés
Qui quémandent aux autres pour survivre.
Dieu t'a donné l'intelligence pour étudier,
Certains sont des fous-furieux, déjantés
Et vivent dans l'absurdité et dans l'insensé.

Remercie Dieu
Qui t'a choisi parmi toutes les créatures
Qui a fait de toi le maître de la nature
Qui t'a donné la faculté de réfléchir
Et de penser pour discerner le bien du mal.

44. LE MONDE EST ÉPHÉMÈRE

L'au-delà est éternel
Nous sommes mortels
L'enfer est un lieu de la misère
Nous sommes mortels
Ne préférons pas vivre dans les péchés
Mais il est dans notre intérêt
De trouver la volupté
Dans l'adoration de Dieu
Pour vivre sous le respect
De la divinité afin de goûter
Au plaisir de la tranquillité.

45. HAÏSSONSLA GUERRE

Vous continuez à faire la guerre
Pour préserver votre dignité
En nous condamnant dans la misère.

Vous nous enfoncez dans les multiples dangers
Vous nous maintenez dans la pauvreté,
Dans l'instabilité et dans la précarité.

Nous sommes très fatigués
De vivre dans la guerre
Une guerre qui n'apporte
Que la misère et le malheur
Une guerre qui suscite des désastres
Une guerre qui nous dégoûte de vivre.
Votre amour de la gloire nous tenaille
Et nous met sans cesse sur la paille

Arrêtez de nous bombarder
Pour nous exposer à la dangerosité
Arrêtez de nous tourmenter
Par les guerres et les atrocités
Arrêtez de nous assassiner

Arrêtez de nous chasser
De nos propres pays
Pour aller vivre à l'étranger sous une mendicité
Arrêtez de nous massacrer
Arrêtez de nous torturer
Arrêtez de nous traumatiser
Arrêtez de nous tabasser
Pourquoi avez-vous oubliés la tombe
Pour provoquer une hécatombe ?
Vous ne nous faites que vivre dans la misère
Ce qui vous importe, est votre honneur
Peu importe la vie du peuple
Même s'il vit dans les conditions misérables.

Le monde ne cesse de se détruire
Par les guerres qui nous empêchent
De nous épanouir et continuent
À nous faire souffrir et à nous nuire.

Laissons-nous inspirer par l'amour
Laissons l'amour habite nos cœurs
Laissons la vertu guide notre vie
Laissons la sagesse s'installe
Dans notre conception de vie
Laissons le juridisme dirige notre raison d'être.

Prions pour la perfection de notre existence
Prions contre l'imperfection et la désobéissance
Prions pour qu'on soit aimé par Dieu
Prions pour qu'on s'éloigne des péchés
Prions contre les choses immondes
Prions pour éclairer le monde
Prions contre la guerre et la misère
Prions pour sauver l'humanité
Contre toutes les immondicités
Prions pour la tranquillité et la sérénité
Prions contre la mauvaiseté et l'insincerité.

46. MA PLUME SE RÉVOLTE

Ma plume se révolte contre l'injustice
Pour défendre impartialement la justice
Ma plume lutte pour la dignité humaine
Contre toutes les pratiques malsaines
Ma plume appelle au respect des lois de Dieu
Pour que nous soyons des êtres vertueux
Au profit de rendre le monde lumineux
Ma plume ne se soucie que de rêver
Pour construire un monde des croyants pieux
Qui n'ont pas recours à volonté aux péchés
Pour commettre des actes odieux
Et pernicieux qui agissent contre nos intérêts.

Nous avons l'air sombre
Notre vie est devenue lugubre
Et elle est semblable aux arbres
Qui ne nous offrent pas des ombres.
Nous sommes mélancoliques
Parce que nous obéissons aux lois diaboliques
Qui rendent notre vie catastrophique.

Nous sommes devenus tristes

Nous ne sommes pas justes
Nous sommes injustes
Nous refusons les lois justes.
Nous avons l'air ténébreux et malheureux
Parce que nous aimons les péchés
Plus que l'adoration
Qui nous dirige et nous approche vers Dieu.

47. LES INVOCATIONS

Ô ! Mon Dieu
Bénis-nous, ne nous maudis pas !
Guide-nous, ne nous égare pas !
Protège-nous contre le malheur !
Facilite-nous le chemin du bonheur !
Protège-nous contre l'orgueil
Qui nous renferme dans une détention
D'imperfections !
Éloigne-nous de la jalousie
Qui est une désobéissance
Qui détruit notre subsistance !

Ô ! Mon Dieu
L'ignorance est un maillon faible
Sur lequel se fonde une vie imperfectible
Donc protège-nous contre elle !
La méchanceté est une mocheté
Mettez-nous à l'abri contre elle !
La connaissance est une lumière
Installe son amour dans nos cœurs !

Que Dieu bénisse l'humanité !

Que Dieu nous protège contre l'imperfection !
Que Dieu guide nos pas vers la perfection !
Ame.

Achevé d'imprimer à Yaoundé
Février 2021

Printed by Books on Demand GmbH, Norderstedt / Germany